AF245284

56
654

L'EMPIRE

ET

LES ANCIENS PARTIS

PAR

LE Bon GUSTAVE DE ROMAND

ANCIEN PRÉFET DU VAR ET DE SAONE-ET-LOIRE.

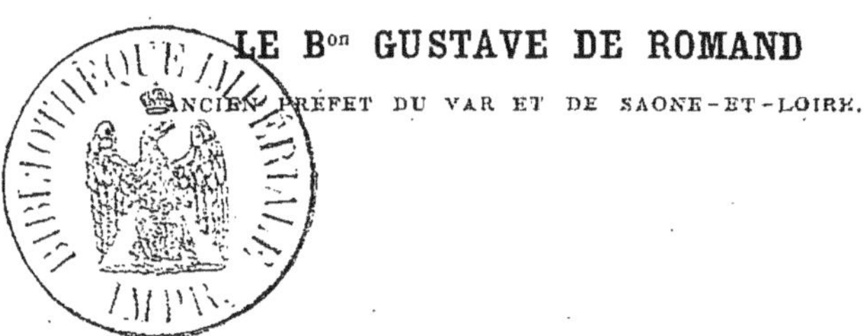

PARIS

IMPRIMERIE BONAVENTURE ET DUCESSOIS
55, quai des Grands-Augustins.

—

CHEZ LES PRINCIPAUX LIBRAIRES.

—

1857

TIMBRE
IMPÉRIAL
5 cen

AUX ANCIENS PARTIS.

Les nations ne choisissent pas leurs gouvernements (n'en déplaise au suffrage universel), de
même que les individus ne choisissent pas leur
famille ou leur patrie! Les gouvernements sont
l'expression des mœurs et des besoins d'un pays, et
ils offrent d'autant plus de sécurité aux peuples,
qu'ils sont la plus fidèle représentation de leurs
mœurs et de leurs besoins. Quand le fléau des
révolutions s'abat sur une société, il est rare que
le mal social qu'elles révèlent soit suffisamment
caractérisé, pour apporter avec soi la claire indi-
cation du remède! De là, de longues oscillations
et des troubles sans fin, où l'on a vu périr des na-
tionalités! Aussitôt que la lumière se fait dans ces
ténèbres, les peuples se précipitent vers elle, et
l'ordre de choses nouveau s'établit, alors, par ac-

clamation. Cet entraînement irrésistible et universel est l'un de ces signes des temps, devant lesquels toute minorité dissidente devrait s'incliner avec résignation; malheureusement, il n'en est pas toujours ainsi, et il arrive souvent, au contraire, à ces minorités, de nier l'évidence la plus accablante des faits. Les gouvernements favorisent même, quelquefois, par leurs fautes, ces dispositions rebelles des minorités.

L'histoire des longues et cruelles vicissitudes des peuples en révolution est, particulièrement, l'histoire de la France, depuis la fin du dernier siècle. L'ère des révolutions avait semblé, plus d'une fois, fermée pour nous, lorsque l'abîme révolutionnaire s'est rouvert, tout à coup, sous nos pas. Il est vrai que les gouvernements qui ont, ainsi, trompé les espérances des bons citoyens, se sont presque toujours détruits eux-mêmes, bien plus tôt qu'ils n'ont été détruits par leurs ennemis.

Aucun des divers gouvernements de la France, même le premier Empire, n'a été suscité par des circonstances plus impérieuses et plus providentielles que la restauration impériale accomplie de nos jours par Napoléon III. Je ne sais si la restauration impériale comptait un très-grand nombre de partisans, en France, avant l'instant où la révolution de 1848 réagissant contre elle-même, par l'excès de ses désordres, a élevé, pour ainsi dire, de ses propres mains, au dix décembre 1848, un nouveau Napoléon sur le pavois! C'est le déchaînement anarchique des partis qui a fait l'Empire, en convertissant subitement à l'Empire l'immense majorité des Français, dont l'ordre est le premier des besoins, et le premier des vœux!

Comment une telle situation s'est-elle produite? chacun de nous le sait; mais l'analyse de cette situation a son côté instructif pour tous, et c'est ce qui m'a porté à penser qu'il ne serait pas sans intérêt de réimprimer, en 1857, quelques lettres écrites en 1849, où cette situation est retracée avec sincérité; d'autant plus que la grande leçon des événements de 1851 n'a pas beaucoup profité à ceux qui l'ont reçue! L'Empereur est en butte aux mêmes inimitiés que le Président de la République; mais ces inimitiés ne peuvent plus se faire illusion sur leur impuissance, et ne sont plus, dès lors, un danger sérieux ni pour l'État ni pour la société.

Je suis du nombre de ceux que l'anarchie de 1848 a converti aux institutions impériales; j'ai défendu la cause de ces institutions, par mes écrits et par mes actes, dans les plus mauvais jours de la révolution, et longtemps avant le coup d'État du 2 décembre 1851! S'il est donné à la France de revenir jamais à cette *unité politique*, qui pourra, *seule*, lui permettre de jouir, dans toute leur plénitude, de tous les bienfaits dont il a plu à la Providence de la doter avec tant de profusion, je crois qu'elle n'a pas de meilleure chance d'y parvenir, que par le maintien et le perfectionnement des institutions de l'Empire, parce que ces institutions découlent des trois grands principes constitutifs de la démocratie française, l'*unité*, la *hiérarchie* et l'*égalité*.

Paris, 10 février 1857.

L'EMPIRE

ET

LES ANCIENS PARTIS

I

A Monsieur le Rédacteur de l'Europe Monarchique.
GAZETTE POLITIQUE DE BRUXELLES.

Paris, 10 octobre 1849.

Monsieur,

Vous me demandez des nouvelles de France ; je ne
sais si je suis bien apte à vous en donner, quand je songe
à la profonde différence de mes opinions avec celles du
milieu où vous êtes placé. — A Bruxelles, plus que partout ailleurs, on n'aime à entendre que ce qui flatte.
Vous avez entrepris, il est vrai, Monsieur, de lutter
contre certains préjugés révolutionnaires que la presse
belge ménage avec trop de complaisance ; oserez vous
encore vous heurter aux préjugés dynastiques de la Bel-
gique à l'endroit de la France ? et ce que j'appelle préjugé, sera-ce même un préjugé à vos yeux ? Quoi qu'il en
soit, je vais vous dire sans déguisement mes impressions
personnelles, et si vous les accueillez à titre de docu-
ment sur la situation générale, et sans trop vous forma-

liser de ce qu'il y aura d'absolu dans mon langage, je continuerai à écrire ; sinon, j'aurai le regret de devoir m'abstenir.

Il ne faut pas nous le dissimuler, Monsieur, nous sommes dans un moment de crise, et d'une crise d'autant plus grave qu'elle est la conséquence de l'anarchie des âmes ! On ne peut pas se faire une juste idée, à l'étranger, du degré de démoralisation que la révolution de Février a développé, en France, et particulièrement à Paris. Ceux qui vivent au milieu de cette contagion deviennent bientôt inhabiles à en constater l'intensité, et il faut être demeuré en dehors de cette atmosphère malsaine, pour bien apprécier l'étendue des ravages qu'elle a exercés sur les intelligences et sur les cœurs.

Je ne crois pas, Monsieur, que l'histoire de France offre, à aucune époque, un second exemple d'un pareil abaissement. Voilà un pays de trente-six millions d'hommes, qui est tellement divisé contre lui-même, qu'il a abdiqué tout empire sur ses destinées, tant à l'extérieur qu'à l'intérieur. A l'intérieur, la république achève d'anéantir les derniers restes de foi commune ; elle relâche ou brise tous les liens sociaux. A l'extérieur, nous errons à l'aventure, ballottés par tous les vents des caprices populaires, et servant de jouets à nos ennemis, qui recrutent ouvertement, parmi nous, les auxiliaires qui doivent le mieux servir à leurs perfides desseins. La patrie n'est plus qu'un vain mot ; chacun est à soi-même son but suprême, et l'intérêt ou la vanité étant devenus les seuls mobiles de toutes les déterminations, il arrive que chaque parti se subdivise en mille partis divers, sans règle et sans frein. Que peut-il résulter de tout ceci, Monsieur ?—Un effroyable cataclysme, auprès duquel pâlira le cataclysme de 1848, et ce cataclysme est imminent, à moins que, du sein de la noire tourmente, il ne sorte, tout à coup, quelque bras vengeur, qui fasse justice de tant de turpitudes et de tant d'iniquités. Il est plus que temps, en vérité, *que les bons espèrent et que les méchants tremblent.*

La république de 1848 est issue, Monsieur, des funestes divisions des partisans de la branche aînée et des partisans de la branche cadette de la maison de Bourbon. C'est cette division qui a inscrit dans nos annales les dates fatales de 1793, de 1830 et 1848 ; et la cause de ces divisions, c'est l'antagonisme des classes supérieures et des classes moyennes, identifiées, plus ou moins, l'une et l'autre, à chacune des deux branches de la maison de Bourbon. Cet antagonisme des classes supérieures et des classes moyennes est le résultat d'une égale soif de prépondérance et de domination chez toutes deux, et il a suscité contre elles une troisième compétition gouvernementale, celle du prolétariat, dont le règne toujours éphémère est toujours écrit avec du sang.

Nous semblons toucher à de très-graves perturbations, Monsieur, car la guerre est rallumée entre les classes supérieures et les classes moyennes. Voyez combien les légitimistes et les orléanistes s'agitent depuis quelques mois. Voyez les pèlerinages d'Ems et d'Eisenach ; voyez les pèlerinages d'Angleterre. Voyez toutes les menées de nos sublimes majestés du Parlement, qui, lasses, enfin, d'employer la ruse pour se tromper, sont prêtes à laisser éclater leur colère, et à étourdir encore le pays de leurs stériles querelles.

Les légitimistes et les orléanistes rivalisent d'imprudence et de folie; ces partis se trompent, en se croyant les arbitres des destinées du pays !

Le jour où la maison de Bourbon s'est divisée contre elle-même, et a mis son influence au service des factions, elle a perdu ses principaux titres au gouvernement du pays, dont elle était, ainsi, devenue impuissante à assurer la sécurité. On s'est beaucoup préoccupé, depuis la révolution de Février, de l'idée de mettre un terme à ces divisions de famille, dans l'espoir que la fin de ces divisions mettrait un terme aux divisions des partis créées par ces longues querelles domestiques. C'était là une illusion, Monsieur; l'expérience l'atteste très-clairement aujourd'hui; et si l'unité politique de la France doit jamais renaître, il est probable qu'elle renaîtra par d'autres moyens et dans d'autres conditions.

La République étant repoussée par nos traditions, par nos mœurs, par la frivolité de nos caractères et de nos esprits, un seul nom peut ramener la France à l'unité politique, c'est le nom de Napoléon, car l'harmonie sociale représentée par ce nom est la plus glorieuse des traditions napoléoniennes.

Lorsque la branche aînée des Bourbons est regardée comme la personnification des classes supérieures; lorsque la branche cadette est regardée comme la personnification des classes moyennes ; lorsque les Ledru-Rollin, les Barbès, les Blanqui sont la personnification du prolétariat, l'élu du 10 décembre possède cet heureux privilége de personnifier la fusion de ces trois intérêts opposés dans un grand intérêt national. Au 10 décembre comme au 18 brumaire, la grande majorité des classes supérieures, des classes moyennes et du prolétariat a abjuré patriotiquement ses défiances et ses haines devant le grand nom de Napoléon !

Ce que je vois et ce que j'entends partout. Monsieur, me fortifie donc chaque jour davantage dans la conviction que la France est aujourd'hui dans cette alternative de faire un choix entre Robespierre II et Napoléon III, et que, pour échapper à la sanglante dictature d'un comité de salut public, elle n'a d'autre moyen que de remettre le sceptre impérial entre les mains de l'élu du 10 décembre. C'est l'étrange destinée de la France de repousser également, comme incompatibles avec sa nature, les deux solutions rigoureusement logiques, qui semblaient pour elle des conditions d'ordre absolu : la franche et complète adoption du principe électif, ou la république ; la franche et complète adoption du principe héréditaire, ou Monseigneur le comte de Chambord !

La république de 1848 avait été présentée au pays comme un terrain neutre, où pourrait se reconstruire l'unité politique de la France, déchirée par l'antagonisme rival des classes supérieures, des classes moyennes et du prolétariat ; mais la république a perdu ce caractère, depuis qu'on l'a vue traîner à sa suite la misère, la guerre civile et l'anarchie. La république est unanimement repoussée par tous les gens sensés, et il ne reste plus, en dehors d'elle, que l'*Empire*, qui offre un terrain de conciliation et de transaction à l'orléanisme et au légitimisme , dont les antipathies se sont rallumées plus vives que jamais.

L'EMPIRE ET LES ANCIENS PARTIS.

II

AU MÊME.

Paris, 16 octobre 1849.

Monsieur ,

La bienveillance avec laquelle vous avez accueilli ma première lettre m'encourage à poursuivre le développement politique que je vous ai annoncé, et je vais essayer aujourd'hui d'établir par des faits positifs et incontestables la triste exactitude de mes précédentes appréciations. C'est une tâche ingrate et pénible que j'entreprends, Monsieur, de vous tracer le tableau de nos misères morales ; mais peut-être ce tableau servira-t-il à quelques-uns d'enseignement, et ce salutaire retour sur soi-même est toujours un premier pas vers la sagesse.

L'antagonisme persistant du légitimisme et de l'orléanisme fait trop de bruit, en ce moment, Monsieur, pour n'être pas le premier sujet de mes entretiens avec vous. Cet antagonisme, qui remonte au commencement de nos désordres révolutionnaires, fut suspendu par l'ère impériale ; mais dès que la chute de l'Empire eût brisé, de nouveau, l'unité politique qui avait été rétablie par lui, cet antagonisme se réveilla bientôt, et il n'a pas cessé de troubler et de déchirer le pays depuis 1814 jusqu'à nos jours.

Le légitimisme et l'orléanisme ont gouverné, tour à
à tour, chacun selon ses tendances particulières, le
premier pendant quinze ans, le second pendant dix-huit
ans, tous deux avec de semblables difficultés et une sem-
blable impuissance pour surmonter ces difficultés.
Les journées des 23 et 24 février 1848 furent les repré-
sailles des journées des 26, 27 et 28 juillet 1830. Les
légitimistes eurent autant de part à la catastrophe
de 1848 que les orléanistes en avaient eu à la catastrophe
de 1830. La peur du socialisme parut suspendre un
moment l'hostilité acharnée de ces deux partis ; mais ils
ne purent, même momentanément, se rapprocher, qu'en
abjurant leurs principes monarchiques, et en se dégui-
sant sous le nom menteur de *républicains du lendemain*.

Quelle fut donc l'attitude nouvelle de ces républicains
improvisés ? Loin de chercher à organiser solidement le
principe électif, et à en faire surgir, s'il était possible,
un bon gouvernement, ils ne songèrent qu'à rassembler
les débris de leurs bataillons dispersés, et à se mettre en
mesure de jeter le plutôt possible un masque imposteur,
en relevant victorieusement leur vrai drapeau ! Tel est
le secret de la comédie qui a été jouée aux dernières
élections générales, et c'est ainsi que s'explique le marasme de l'assemblée législative, dont la majorité, grâce
aux divisions des orléanistes et des légitimistes, ne
représente qu'une stérile négation.

Lorsque le légitimisme et l'orléanisme étaient con-
traints l'un et l'autre d'abdiquer devant la république, et
d'adresser leurs hommages hypocrites à une forme politique qui est l'objet de leurs secrètes répulsions, le bona-

partisme, longtemps proscrit et outragé, apparut à la société comme une voie lumineuse de salut, pour franchir le gouffre où elle était menacée de s'engloutir, et la république fut contrainte, malgré elle, au sein même de son triomphe, de se courber devant un nouveau symbole monarchique, qui se présentait pour renouer, une seconde fois, la chaîne brisée de nos traditions, et réunir ensemble, dans un puissant faisceau, toutes les forces vives de la France.

L'élection du 10 décembre a offert ce phenomène remarquable, Monsieur, d'avoir été une inspiration tellement spontanée des populations sur toute la surface du sol français, qu'elle a entraîné l'orléanisme et le légitimisme, jusques dans la personne de leurs chefs, qui ont subi le mouvement, non sans avoir tenté, à l'exemple des plus ardents républicains, de lui résister; aussi cette élection, unique dans l'histoire du monde, fut-elle accueillie par le pays avec d'autant plus d'enthousiasme et d'espérance, que la proclamation de la république lui avait causé plus de consternation et de stupeur.

Le légitimisme et l'orléanisme furent bientôt d'accord pour reconnaître et proclamer que l'élection du 10 décembre était une protestation contre la république; mais ils se flattèrent mutuellement de pouvoir absorber cette protestation à leur profit. La guerre devait donc inévitablement se rallumer aussi vive que jamais entre ces deux partis, à l'ombre même du pouvoir qui les protégeait contre l'irruption du socialisme.

Les légitimistes et les orléanistes, cessant de dissimuler leur mépris et leur aversion de la république, instituèrent le *Comité de la rue de Poitiers*, pour régler les conditions du combat à outrance que, déjà, ils s'apprêtaient à se livrer. On vit alors les chefs de ces deux partis faire assaut de bizarres combinaisons, pour escamoter l'élection du 10 décembre, et, dans l'infatuation de leur orgueil, ils se mirent à régler très-sérieusement les conditions d'abdication qui devraient être proposées au prince Louis Napoléon. On négocia, en même temps, l'abdication de Monseigneur le comte de Chambord; on négocia des mariages fabuleux; la folie des socialistes eux-mêmes resta en arrière des folies de certains meneurs dynastiques.

Le légitimisme et l'orléanisme adoucissent tour à tour ou enflent leur voix, selon qu'ils veulent se séduire ou s'effrayer; ce sont sans cesse de nouveaux raccommodements et de nouvelles ruptures. Les deux partis sentent également qu'ils ne peuvent rien l'un sans l'autre, mais chacun d'eux entend devenir le maître, en se rapprochant.

Dans le département de la Gironde, les orléanistes accordent aux légitimistes trois candidatures sur treize aux élections générales; dans le département d'Ille-et-Vilaine, les légitimistes s'emparent seuls de toute l'élection. Le légitimisme et l'orléanisme n'ont d'autre soin que de faire le dénombrement de leurs forces et de se préparer à une bataille décisive pour tel ou tel jour donné.

M. Ravez, représentant de la Gironde, vient à mourir, et il s'agit de le remplacer à l'assemblée. Que se passet-il alors à Bordeaux, ville si renommée par son sens politique et son patriotisme? Aussitôt toutes les passions sont en émoi. Les légitimistes réclament pour leur parti la succession de M. Ravez, attendu, disent-ils, que M. Ravez appartenait à leur opinion. Les orléanistes répondent aux légitimistes que l'élection isolée d'un légitimiste est impossible dans le département. Toute la presse de Paris se mêle à la bruyante querelle des journaux de Bordeaux, et M. Berryer intervient publiquement dans la querelle par une lettre, où il déclare qu'il y *va de l'honneur* pour ses amis de Bordeaux de ne pas céder. Quels sont donc les candidats légitimistes et orléanistes, qui se trouvent en présence à Bordeaux? C'est M. Auguste Ravez, fils de M. Ravez, président de la majorité des trois cents de M. de Villèle; c'est M. Gautier, maire de Bordeaux, et ancien député de la restauration, qui a figuré dans les fameux deux cent vingt-un.

Ainsi, en octobre 1849, la question entre le légitimisme et l'orléanisme se reproduit exactement dans les mêmes termes, et presque avec les mêmes noms, qu'aux élections de 1829 et 1830. C'est que l'orléanisme et le légitimisme n'ont pas fait réellement un seul pas l'un vers l'autre, et que leur défiance comme leur antipathie mutuelle n'ont pas varié, en dépit du double enseignement de la révolution de 1830 et de la révolution de 1848.

J'ai toujours pensé, Monsieur, depuis la catastrophe du 24 février, que l'orléanisme était destiné à se fondre soit dans le légitimisme, soit dans le bonapartisme. Sorti de la tempête de 1830, à l'état de gouvernement, l'orléanisme devait périr dans le naufrage de 1848. L'orléanisme avait été, sous la restauration, la réaction des classes moyennes contre la prépondérance des classes supérieures; l'orléanisme s'était ensuite fortifié, peu à peu, de tous les éléments importants de l'ancien gouvernement impérial. On vit, à cette époque, les bonapartistes se transformer en libéraux, pour combattre constitutionnellement le gouvernement de 1815. Lorsque la rentrée des Bonaparte en France, après la révolution de 1848, eut rendu au bonapartisme ses véritables chefs; lorsque l'élection du 10 décembre eut elle-même sanctionné, de nouveau, l'ancienne loi héréditaire du premier Empire, que pouvait prétendre l'orléanisme, réduit à lui-même, en face des légitimistes, des bonapartistes et des républicains, coalisés contre lui? L'orléanisme pouvait encore, peut être, assurer la victoire au parti en faveur duquel il se prononcerait; mais il ne lui était plus permis d'aspirer, pour lui-même, au gouvernement. Le malheur, le devoir et même l'intérêt auraient dû ramener les princes de la maison d'Orléans auprès de l'auguste chef de leur maison; mais ce rapprochement rencontra tant d'opposition dans les passions du parti orléaniste, qu'il est à croire que, s'il avait eu lieu, le parti orléaniste n'eût pas suivi ses chefs. Il est donc arrivé que l'orléanisme et le légitimisme sont restés séparés et dans un état d'observation vis-à-vis l'un de l'autre, qui a encore surexcité leur vieille inimitié. Cette inimitié a fait bruyamment explosion dans ces derniers temps, et s'est manifestée par des discussions haineuses et irritantes sur le voyage d'Ems, sur l'élection de Bordeaux, sur le douaire de madame la duchesse d'Orléans, sur la proposition du rappel des lois d'exil qui frappent les deux branches de la maison de Bourbon, enfin sur toutes les questions vitales du présent et de l'avenir.

Il est donc certain, Monsieur, que l'orléanisme et le légitimisme ne sont pas mieux disposés que par le passé à se sacrifier l'un à l'autre leurs prétentions de suprématie, et qu'ils accepteront l'EMPIRE, comme ils ont accepté la république, plutôt que de transiger l'un envers l'autre sur ce qu'ils nomment tous deux LEUR DROIT.

En attendant, le socialisme grandit à la faveur de ces tiraillements dynastiques, et le moment approche où la France devra opter, comme je vous le disais dans ma première lettre, entre *Robespierre II* ou *Napoléon III*.

L'EMPIRE ET LES ANCIENS PARTIS.

III

AU MÊME.

Paris, 31 octobre 1849.

Monsieur,

Le prince Louis-Napoléon Bonaparte vient de répondre victorieusement à toutes les odieuses imputations auxquelles il était en butte depuis quelque temps, et qui commençaient à jeter du trouble et de l'incertitude même chez ses plus fervents partisans. Le langage du Message qu'il vient d'adresser à l'Assemblée législative est clair et précis; c'est un modèle de dignité, de fermeté et de modération. Aucune intrigue ne saurait parvenir à dénaturer le sens d'un tel langage, qui répond à tous les vœux et à toutes les espérances des bons citoyens. Le prince Louis-Napoléon prend au sérieux la double responsabilité qui s'attache à ses actes, non-seulement en raison de l'origine de son pouvoir, mais en raison du grand nom qu'il porte, et dans lequel la France a cherché une force et un abri dans ses mauvais jours! On sent, en écoutant ces paroles si simples, si convaincues, si loyales, que celui qui les a prononcées est bien pénétré de la grandeur de sa mission. En rendant justice aux efforts des ministres dont il se sépare, il avoue hautement qu'il a cherché dans la formation de son nouveau cabinet les moyens d'échapper à la neutralisation des forces opposées qui se combattaient dans le cabinet précédent, et qui étaient un obstacle insurmontable à toute action déterminée et vraiment efficace.

Le prince Louis-Napoléon veut arriver à la réalisation du programme politique renfermé dans son nom, qui signifie : *ordre, autorité, religion, bien-être du peuple au dedans*, et, *à l'extérieur, dignité nationale!* Le prince Louis-Napoléon se sent si fort de ses bonnes intentions, qu'il espère, avec leur aide et avec le concours des hommes de cœur qui s'associent à ses efforts, triompher de tous les obstacles que rencontrera l'exercice du pouvoir, soit dans les imperfections de la constitution, soit dans l'hostilité sourde ou déclarée des partis. Le Message propose à tous les partis de s'unir sur le terrain de la Constitution : fidèle à ses engagements personnels, Louis-Napoléon convie amis et ennemis à la même fidélité. — A Dieu ne plaise qu'aucun blâme ne

sorte de notre bouche à l'égard d'aussi nobles senti-
ments, quelque grande que nous paraisse, nous devons
l'avouer, l'illusion qui les inspire! Si la Constitution
n'est pas née viable, il est bon que ce ne soit pas le prince
Napoléon qui lui porte aucune atteinte, et que ce soit
le pays plutôt que lui-même qui se plaigne de l'insuffi-
sance du pouvoir qui est attribué à son chef. Si l'expérience, plus forte que les intentions du prince Louis-Napoléon, prouve à la France que la constitution de 1848 est
une machine de guerre à l'usage de l'anarchie, et qui rend
impossible l'exercice de toute autorité, la France saura
faire entendre sa voix, et la voix de la France ne se fera
pas entendre en vain. Il y a bien des intrigues et bien
des ambitions, que cette mâle et énergique loyauté dé-
concerte; mais ces ambitions et ces intrigues videront
tout l'arsenal de leurs mensonges, de leurs diffamations
et de leurs calomnies, sans troubler la sérénité du juge-
ment et du courage du chef que la France s'est donné,
et sans altérer la foi populaire qui s'attache à ce chef
plus fermement que jamais. Désormais les partis peuvent s'agiter tant qu'ils voudront; les mauvais citoyens,
pour qui la république est le *droit* à l'anarchie, peuvent
mettre en œuvre les artifices les plus criminels; la
France ne sera pas trompée, car Louis-Napoléon lui a
révélé son cœur. Si la forme du pouvoir actuel est insuf-
fisante pour assurer la prospérité du pays, si la volonté
nationale préfère la monarchie à la république, le
nom de Napoléon suffit à tout, et ce grand nom nous
promet le *Consulat* ou l'*Empire*.

L'EMPIRE ET LES ANCIENS PARTIS.

IV

AU MÊME.

Paris, 1er novembre 1849.

Monsieur,

Paris avait aujourd'hui un air de fête ; les boulevards, les Champs-Elysées, le bois de Boulogne, tous les lieux publics regorgeaient de promeneurs. La paix et la sérénité brillaient sur tous les fronts, et tous les visages reflétaient la joyeuse insouciance des bons jours, dont le retour semblait impossible, pour bien longtemps, après le 24 février ! Ce calme extrême, cette disposition générale au plaisir, ont bien leurs enseignements dans les circonstances actuelles, et le lendemain d'un changement de ministère, qui a déconcerté tant d'ambitions et déjoué tant d'intrigues.

Ce ne sont pas les excitations ni les sombres prédictions qui ont manqué, ce matin, dans la presse parisienne ; mais, jusqu'à ce moment, du moins, le bon sens public a été le plus fort, et le langage du prince Louis Napoléon est demeuré plus persuasif que tous les commentaires inventés par le dépit, par la peur ou par la haine.

Je vous ai dit hier, Monsieur, les premières impressions que m'avait laissées la lecture attentive du Message du prince Louis-Napoléon ; ces impressions se sont fortifiées par la réflexion, et même, je dois vous l'avouer, par la nature des inimitiés qu'a particulièrement soulevées ce noble et patriotique langage.

Le changement de ministère et les principes exposés dans le Message du prince Louis Napoléon répondent autant, Monsieur, aux nécessités du moment, que le fit l'élection du 10 décembre elle-même, lorsqu'elle enleva le gouvernement de la France au parti du *National*.

Il faut s'attendre, Monsieur, à voir les journaux parlementaires attaquer violemment le nouveau ministère, qui ne relève point d'eux ni de leurs coryphées ; mais la puissance de ces journaux a beaucoup décru, depuis la révolution de Février, et ils achèveront de perdre, dans ces excès, ce qui leur reste encore de crédit et de considération. Le langage du prince Louis Napoléon sera entendu et apprécié par l'armée, par le clergé, par la magistrature, par l'administration, par les masses populaires ; et la presse départementale, en se rendant encore une fois l'écho de ces grands intérets nationaux, tiendra en respect les brouillons et les agitateurs de Paris.

Vous avez remarqué, Monsieur, que l'intrigue parlementaire s'évertuait, depuis quelque temps, à diminuer la grande élection du 10 décembre, en lui opposant l'élection de l'Assemblée législative du 13 mai dernier, lorsqu'il est évident, pour tous les esprits sérieux, que le principal caractère de l'élection du 13 mai est d'avoir confirmé et fortifié l'élection du 10 décembre. L'élection du 13 mai a produit, Monsieur, une majorité de résistance, mais non une majorité d'action ; car il faut un but déterminé à l'action pour s'exercer, et la majorité du 15 mai ne poursuit aucun but commun, hormis la résistance au socialisme! L'élection du 10 décembre possède essentiellement, au contraire, ce principe virtuel d'action qui manque à la majorité du 15 mai, et c'est ce principe d'action que le prince Louis-Napoléon porte en lui, qui lui permettra, selon la belle expression du maréchal Bugeaud, de rendre la *défensive offensive*, et de sauver la société en péril. Il fallait donc que le prince Louis-Napoléon, pour donner essor au principe d'action qui est en lui, choisît son ministère dans la majorité anti-socialiste qui a triomphé au 15 mai, mais en dehors des chefs parlementaires de cette majorité, dont les tendances et les systèmes opposés se neutralisent mutuellement. Or, c'est là précisement le mérite de la pensée qui a présidé à la formation du nouveau ministère, et qui a dicté le noble Message du 31 octobre.

Nous avons assisté, Monsieur, depuis le 10 décembre 1848, à deux expériences successives de la constitution Armand Marrast : d'abord avec les adversaires de cette constitution, représentés par le cabinet Odilon Barrot et Faucher ; ensuite avec les auteurs eux-mêmes de la constitution, représentés par le cabinet Dufaure-Tocqueville. Aujourd'hui, nous commençons une troisième épreuve avec un cabinet de prérogative présidentielle, c'est-à-dire avec l'élu du 10 décembre lui-même, qui engage ainsi, directement, sa responsabilité personnelle dans le jeu de cette constitution.

Le prince Louis-Napoléon veut, sans doute, épuiser toutes les expériences, avant de s'écarter de la constitution qu'il a jurée ; mais, si cette dernière expérience échoue, à son tour, comme je n'en doute pas, le prince Louis Napoléon laissera-t-il périr la France plutôt que de retirer sa parole ; et ne jugera-t-il pas que le véritable sens du serment qu'il a prêté à ses six millions d'électeurs est surtout le serment de se dévouer pour leur salut?

Le temps des expériences a déjà duré bien longtemps, Monsieur. Le mal est arrivé à son dernier période ; quelque temps encore, et *il sera trop tard !* mot fatal qui deviendrait, cette fois, le signal d'une catastrophe, auprès de laquelle pâliraient les plus lamentables catastrophes de notre histoire.

Il ne s'agit plus maintenant en effet, Monsieur, d'une égoïste et frivole compétition de pouvoir entre le légitimisme, l'orléanisme et le bonapartisme ; il s'agit pour la société d'*être* ou de n'*être pas*.

Le prince Louis-Napoléon est aujourd'hui le maître, Monsieur, mais il ne restera le maître qu'à la condition d'agir avec décision, et il n'y a pas de milieu pour lui entre le *Capitole* ou la *roche Tarpéïenne*.

L'EMPIRE ET LES ANCIENS PARTIS.

V

AU MÊME.

Paris, 6 novembre 1849.

Monsieur,

Vous seriez dans une grande erreur si vous regardiez ma lettre du 31 octobre comme l'expression de la pensée

de l'Elysée ; non, Monsieur, je ne suis point un écho de
l'Elysée ; je n'ai pas cet honneur ! Ce que je vous dis,
c'est ce que je sens, c'est ce que je vois, et je ne m'inspire, en vous écrivant que de ma conscience et de mon
amour pour mon pays.

Je vous avais prédit, Monsieur, que la presse parisienne accueillerait, de mauvaise grâce, le Message du
51 octobre, mais que la presse départementale se réjoui-
rait et battrait des mains. Mes prévisions ne m'ont point
trompé, et, d'une extrémité de la France à l'autre,
depuis Arras et Amiens jusqu'à Bordeaux et Bayonne, il
n'y a eu qu'une voix pour applaudir et féliciter l'élu du
10 décembre d'avoir pris une attitude et une résolution
dignes de son grand nom et de sa mission providentielle.

Les journaux anglais se sont rencontrés, en cette cir-
constance, tout à fait à l'unisson des journaux de Paris,
et ce n'est pas là, il faut l'avouer, une coïncidence très-
flatteuse pour le journalisme parisien. Il arrive aujour-
d'hui, néanmoins, ce qui était arrivé déjà une première
fois, au moment de l'élection du 10 décembre, c'est
que la grande voix des départements a étouffé la voix de
Paris, et a même déterminé déjà un certain revirement
dans l'attitude des feuilles de Paris et de Londres !

La presse départementale a beaucoup moins de respect et de tendresse que la presse parisienne pour la
constitution de 1848, dont elle poursuit, avec une per-
sévérance digne du succès, la RÉVISION IMMÉDIATE.

Je partage entièrement, sur ce point, l'avis de la
presse départementale, et je crois que la révision immédiate de la Constitution, qui a été demandée, il y a quel-

ques semaines, par le conseil général de la Gironde, est une condition *sine qua non* de bon gouvernement; j'ajoute seulement que je ne crois pas que cette révision puisse jamais s'opérer, selon les formes prescrites par la Constitution. Ce n'est pas au suffrage universel qu'il faut demander l'œuvre d'une Constitution. Une assemblée française pourrait peut-être, à la rigueur, reviser une Constitution établie sur des bases rationelles ; mais elle ne parviendra jamais à changer les bases vicieuses d'une mauvaise Constitution, ni même à refaire à elle seule une œuvre entièrement nouvelle. Une telle entreprise, impossible en tout temps, mais surtout dans un temps de discordes et de divisions comme le nôtre, offrirait, d'ailleurs, par ses inévitables lenteurs, l'immense danger de jeter de nouveau le trouble et la perturbation dans toutes les affaires, et d'achever la ruine matérielle et morale de notre malheureux pays.

La Prusse et l'Autriche nous offrent un exemple dont il nous faudra profiter, sous peine de périr dans les convulsions de l'anarchie. Il faut, Monsieur, pour le salut de la France, que son gouvernement ne recule pas devant l'initiative de reviser la Constitution PAR ORDONNANCE, *sauf à soumettre, ensuite, la nouvelle constitution à la ratification du peuple.* Je suis persuadé, pour ma part, que cette tâche difficile n'est pas au-dessus d'un gouvernement énergique et convaincu, et que l'armée, le clergé, la magistrature, l'administration, seront unanimes à prêter main-forte au pouvoir qui entreprendra, par lui-même, la révision de la Constitution, non d'après les idées *anglaises* ou *américaines,* mais d'après les idées *françaises,*

qui n'ont rien de commun avec le mauvais libéralisme
de 1814, de 1830 et de 1848.

L'EMPIRE ET LES ANCIENS PARTIS.

VI

AU MÊME.

Paris, 16 novembre 1849.

Monsieur,

L'*Europe monarchique* m'apporte, tant du journal
parisien l'*Union* que d'elle-même, quelques critiques
auxquelles je vous demanderai la permission de répondre.

L'*Union* s'étonne fort de mon audace de proposer la
révision de la Constitution par ORDONNANCE, à
l'exemple de l'Autriche et de la Prusse, qui ont cherché
et trouvé leur salut dans cette détermination.

L'*Union* observe que, *n'en déplaise à votre corres-
pondant, les révisions par ordonnance réussissent peu
en France, et qu'elles doivent paraître difficiles, surtout,
quand il s'agit de perpétuer la révolution sous une
forme nouvelle.*

Il est évident, Monsieur, que l'observation de l'*Union*
sur le danger qu'il y a, en France, à tenter de gouverner
par ordonnance, est une allusion aux ordonnances de
1830, qu'elle regrette sans doute amèrement; et je
n'aurais pas relevé la critique de l'*Union*, si je n'y trou-
vais pas l'occasion de dire un mot à ce journal sur ce qui
me paraît être la grande difficulté, pour ne pas dire l'obs-

tacle insurmontable que présente la restauration du principe de l'autorité, en France, dans les conditions toujours rêvées et toujours vainement poursuivies par elle.

Le malheur des ordonnances de juillet 1830 tient à
deux causes distinctes, quoique inséparables, toutefois.
l'une de l'autre. — Premièrement, ces ordonnances
avaient la prétention d'instituer en France un régime
électif, non-seulement *très-restreint, mais tout à fait en
opposition avec les tendances dominantes de l'époque,*
et de retrancher de la vie politique le *commerce, l'industrie,* les *classes moyennes,* au profit d'une aristocratie
territoriale sans racines dans le pays, et qui ne possédait
avec les populations des campagnes aucune de ces rela-
tions de patronage qui faisaient la force des notabilités
du commerce et de l'industrie, dans leurs rapports avec
les populations des villes.—Secondement, le pouvoir,
dont émanaient les ordonnances de juillet, était un
pouvoir également suspect au peuple et aux classes
moyennes, et cette suspicion, juste ou injuste, qui avait
déjà obligé ce pouvoir à se désarmer de ses propres
mains, en 1814 et en 1815, pour se faire accepter du
pays, avait pris de telles proportions en 1830, qu'en ad-
mettant même que les ordonnances de juillet eussent été
conçues dans un esprit aussi sage et aussi éclairé qu'il le
fut peu, ces ordonnances eussent été repoussées sans
examen, en raison des défiances qu'excitait le pouvoir
dont elles tiraient leur origine.

La question d'une révision, *par ordonnance,* de la
constitution de 1848, se présente sous un tout autre
aspect, et dans de toutes autres conditions; car, non-seu-

lement la révision de la constitution de 1848 est très-
populaire, mais le pouvoir, à qui cette révision est demandée, est lui même en possession de la plus immense
popularité.

L'*Union* me dit encore. Monsieur, que le résultat de
la révision que je propose *serait de perpétuer la révolution sous une autre forme.*

Je répondrai à l'*Union* que ce qui perpétuerait éter-
nellement les révolutions en France, ce serait l'absence
d'un pouvoir assez fortement organisé pour nous tirer du
marasme où le parlementarisme nous fait languir ,
depuis 1814, et ce pouvoir, pour se produire, a besoin
d'être entouré de cette sympathie populaire qui
manque essentiellement , il faut bien l'avouer, à la
cause dont l'*Union* est l'organe persévérant et fidèle.

Ce qui a manqué, depuis 1789, aux Bourbons de la
branche aînée, comme aux Bourbons de la branche
cadette, c'est l'amour et la *foi* des masses populaires, et
cet amour et cette *foi*, sans lesquelles aucune grande
force gouvernementale n'a jamais existé, sont au contraire l'heureux privilége du prince Louis-Napoléon ;
c'est même ce qui le rend aujourd'hui, en fait comme
en droit, le maître absolu de la situation.

Cette situation a ses périls, sans doute, et c'est là une
partie de sa gloire ;—mais je défie qui que ce soit de
m'indiquer une autre situation, qui, à côté de ces périls,
présente autant de ressources pour les surmonter.

Le rétablissement de l'Empire est au fonds d'un tel
état de choses, Monsieur, et, à moins de supposer que la
France est réellement prédestinée à la république , il est

impossible de nier, en présence des divisions persistantes
et irrémédiables des légitimistes et des orléanistes, que
l'impérialisme ne soit aujourd'hui le retour à la forme
monarchique qui est le plus indiqué pour la France.

Je reconnais avec vous, Monsieur, que l'impérialisme
est demeuré, jusqu'à ce jour, sans aucun organe accré-
dité dans le pays ; je reconnais encore que la cause de
l'impérialisme a été, plus d'une fois, gravement compro-
mise par ceux-là mêmes que les circonstances semblaient
avoir désignés comme ses représentants ; mais je soutiens
que les masses populaires ont été guidées, dans l'élection du 10 décembre, par une prophétique intuition de
la vérité, et que les six millions de suffrages, qui se sont
portés sur le prince Louis-Napoléon, ont été donnés à
l'empereur Napoléon III, héritier légitime de Napoléon
le Grand, en vertu des anciennes constitutions de l'Empire, constitutions dont l'abolition n'a point été dé-
crétée par le peuple, mais par l'étranger.

L'*Europe monarchique* m'objecte, Monsieur, que ce
n'est qu'après plusieurs transitions successives que, sous
la première république, la France est arrivée à l'Empire.
Je lui répondrai que ces transitions étaient plus néces-
saires, alors, qu'elles ne le sont aujourd'hui, car le prince
Louis-Napoléon ne commence pas sa race, et il se trouve,
au contraire, dans cette situation pressentie par Napoléon le Grand, lorsqu'il disait, en soupirant ! *Ah ! si
j'étais mon petit-fils !* Le prince Louis-Napoléon n'a pas
les mêmes obstacles que son oncle à surmonter, Monsieur ;
car, en mettant les pieds en France, au milieu de la
tourmente de 1848, le prince Louis-Napoléon était déjà

le *premier* dans son pays, et il n'a eu qu'à se montrer pour être acclamé, comme le chef de l'Etat, par six millions de voix.

Si le prince Louis-Napoléon n'est point arrivé d'emblée à l'Empire, chacun sait qu'il ne l'a pas voulu. Le prince Louis-Napoléon ne veut pas non plus aujourd'hui de coup d'Etat contre la Constitution ; mais le jour viendra, Monsieur, où la France aura aussi sa volonté, et, ce jour-là, le prince Louis-Napoléon devra entendre la voix de la France, ou abdiquer.

CONCLUSION.

L'Empire a été acclamé, le 20 novembre 1852, par huit millions de suffrages. Cette grande élection a justifié et sanctionné tous mes écrits et tous mes actes, officiels ou privés, depuis 1848 !

L'Europe, un instant surprise et interdite par l'avénement de Napoléon III, a repris confiance et a désarmé. Aujourd'hui, l'Empereur jouit de la même popularité auprès des peuples et auprès des gouvernements. Jamais la France n'a été plus respectée et n'a exercé plus d'autorité dans les conseils de l'Europe, que depuis le jour où Napoléon III y parle en son nom !

Les anciens partis sont soumis, mais n'ont point encore désarmé. Il n'y a plus que des résistances passives, il est vrai, mais les résistances n'ont point cessé.

Le désarmement des partis est surtout l'œuvre du temps. Toutefois, c'est un peu aussi l'œuvre spéciale et particulière de l'administration.

Il n'existe pas de difficultés pour une administration, dont l'autorité émane de l'Empereur, et qui a, pour auxiliaires dévoués, le clergé, la magistrature, l'armée, cette noble incarnation de l'Empire ; la gloire, l'orgueil, la sécurité de la France dans le présent, et son plus cher espoir dans l'avenir !

L'administration possède donc une puissance d'action irrésistible ; et le plus sûr moyen, pour elle, de conquérir, ou plutôt de transformer les anciens partis, ce n'est pas de faire sur eux des conquêtes individuelles, c'est de les SUBJUGUER par la conquête suprême de l'opinion.

Paris, 10 février 1857.

PARIS. — IMPRIMÉ CHEZ BONAVENTURE ET DUCESSOIS,
55, QUAI DES GRANDS-AUGUSTINS.

www.ingramcontent.com/pod-product-compliance
Lightning Source LLC
Chambersburg PA
CBHW061705060726
47597CB00006B/2197